AF235584

Eine kleine Reise zu sich selbst

Begegnung mit der Angst

Ein reinigendes Bad und das Auffinden des

inneren Tempels

Eine meditative Reise zur Selbsterkenntnis

Von Monika Jacob

<u>Über die Autorin</u>:

Seit 2011 bin ich Meditationslehrerin und seit 2013 Hypnotiseurin. Zu 50 Prozent arbeite ich als Buchhalterin in meinem Buchhaltungsservice und bin Coach und Dozentin. In der verbleibenden Zeit, widme ich mich der Hypnose und auch der Spiritualität. Neben diesem Büchlein, finden gerade meine, seit 2011 medial empfangenen Texte, ihren Weg in die Öffentlichkeit. Der Titel der ersten Niederschrift wird lauten: Wie das Licht dich ruft. Vermutlich wird es eine Buchreihe.

Willst du informiert werden, wenn es etwas Neues von mir gibt, dann schreibe mich einfach kurz per Email an unter: kontakt@seelenwerkstatt-bayern.de. Du wirst dann von mir informiert, wenn es Neuigkeiten gibt, oder sobald meine erste Niederschrift veröffentlicht ist. Deine Email-Adresse werde ich nicht weitergeben und natürlich halte ich mich an das geltende Datenschutzgesetz.

Impressum:

© Monika Jacob

Email: kontakt@seelenwerkstatt-bayern.de

Coverfoto: Richard Jacob

Herstellung und Verlag:

BoD – Books on Demand, Norderstedt

ISBN 9783753406770

1. Auflage – 2021

Inhaltsverzeichnis

Vorwort

Diese Geschichte ist frei erfunden, oder doch nicht? Wie auch immer, vielleicht findest du dich darin selbst. Oder meine Geschichte ermutigt dich, auch eine Reise zu dir selbst zu unternehmen. Jedenfalls ist sie es wert, Anlass zu sein, darüber nachzudenken.

Guten Morgen

Draußen ist es noch Dunkel und durch mein Fenster scheint das Licht der Straßenlaternen. Mein Kater Pauli hat mich geweckt. Er kann es nicht ausstehen, dass er nicht in mein Schlafzimmer darf. Also hat er so lange an der Türe gekratzt, bis ich aufgestanden bin.

Es ist erst 5 Uhr, keine Zeit aufzustehen, schon gar nicht am Wochenende. Aber für mich ist die Nacht vorbei. Ohne weiter darüber nachzudenken, stehe ich auf und beginne meine Morgenroutine. Als erstes werden die Katzen gefüttert. Ja, da gibt es noch einen zweiten Räuber, Nanouk. Ich trinke mein Apfelessigwasser und schalte nebenbei meinen Kaffeeautomaten ein. Seit einiger Zeit ziehe ich mir gleich nach dem Aufstehen meine Tageskleidung an, putze mir die Zähne und wasche mein Gesicht. Die Uhrzeit spielt dabei keine Rolle. Nachdem ich auf dem Smartphone meinem engsten Kreis guten Morgen geschrieben habe,

fällt mir mein Meditationshocker ins Auge. Er steht einladend auf einer dunkelroten Meditationsmatte am Wohnzimmerboden und ruft nach mir.
Noch nicht wirklich in diesen Tag angekommen beschließe ich, eine kurze Meditation zu machen.

Meditation

Ich setzte mich. Dabei achte ich auf eine aufrechte Haltung und nehme zunächst meinen Körper bewusst wahr. Dann konzentriere ich mich eine Weile auf meine Atmung. Aufkommende Gedanken lasse ich an mir vorbei ziehen und staune darüber, was mein Verstand so früh morgens schon alles produziert. Da ich ihm keine weitere Beachtung schenke, wird er immer ruhiger.
Hinter meinen geschlossenen Augen scheint ein Licht zu sein. Erst nehme ich ein bläuliches Leuchten wahr, dann wird es immer heller. Es

strahlt wie ein Stern. Diese Wahrnehmung wirkt sehr beruhigend auf mich. Ich bin fokussiert, ruhig und zugleich neugierig. Also lasse ich mich darauf ein. Das Licht wird immer größer, bis ich vollständig darin eingehüllt bin. Etwas spricht zu mir. Ich höre zwar keine Stimme mit meinen Ohren, doch kann ich deutlich wahrnehmen, wie etwas zu mir sagt:

„Komm mit, ich lade dich ein, auf eine kleine Reise."

Ich leiste keinen Widerstand und so geschieht es, dass ich mich am Rande einer Waldlichtung wieder finde.

Die Begegnung mit der Angst

Der Wald ist niedrig und dicht, trotzdem wirkt er freundlich und einladend, fast feierlich. Die ganze Landschaft ist in goldenes Licht getaucht. Über ihr liegt ein rötlicher Schleier, wie bei einem Sonnenuntergang.

Direkt vor mir ist ein freundlich wirkender Weg, er führt in den Wald hinein. Und so betrete ich diesen Pfad und gehe in den Wald hinein.

Alles hier fühlt sich heimelig und vertraut an. So, als wäre ich schon immer hier gewesen.

Die Stimme in mir sagt: „Das ist nicht verwunderlich, du hast gerade den Pfad zu deinem Innersten betreten."

So ganz versteh ich nicht, was damit gemeint ist, verschwende aber keine Gedanken darüber.

Meine Begegnung

Plötzlich verändert sich die Stimmung. Das goldene Licht scheint seine Farbe zu ändern. Es strahlt nicht mehr und Nebel steigt aus dem Waldboden auf. Auf mich wirkt es leicht beklemmend. Zu dieser Atmosphäre passend, scheint sich aus dem Nebel eine Gestalt zu bilden. Ich kann keine klare Kontur erkennen, so sehr ich mich auch bemühe.

Während ich versuche herauszufinden, worum es sich handelt, vernehme ich:

„Ich bin ein Teil von dir. Du hast mich selbst erschaffen. Durch das Gefühl der Trennung, das du bei deiner Geburt erfahren hast und nachdem du dein Vertrauen verloren hast, verschwand auch die Liebe. Die Liebe zu dir selbst. So bin ich entstanden. Man nennt mich Angst und ich beschütze dich. Ich habe viele Kinder."

Da ist wieder die andere Stimme, die mich hier her geführt hat. Sie sagt: „Du hast diese Wesen erschaffen und einen Teil davon wirst du heute kennen lernen. Doch möchte ich dir sagen: Du musst nicht alles glauben, was dir hier erzählt wird. Die Liebe, du hast sie niemals verloren. Die Angst und ihre vielen Kinder versperren dir nur die Sicht zu dem Ort in dir, wo die Liebe wohnt.
Nachdem du dir deine Angst und ihre Kinder angesehen hast, kannst du sie bitten, etwas zur Seite zu treten. Dann wirst du es sehen."

Da spricht die Angst: „Aber du brauchst mich! Du selbst warst es doch, die mich immer größer werden ließ, die mich gefüttert und befruchtet hat, so dass ich Kinder hervorbringen konnte."

In diesem Moment habe ich das Gefühl, dass die Angst selbst Angst hat. Wovor nur? Dass sie wieder kleiner werden würde? Dass sie an Macht verliert und wieder zu dem wird, was sie in Wirklichkeit ist? Oder dass ihr Ihre Kinder weggenommen werden?

Als ob sie meine Überlegungen hören könnte sagt sie: „Komm, ich zeig dir mein Zuhause." Ganz wohl ist mir nicht dabei. Aber ich spüre, dass ich begleitet werde, von wem auch immer. Jedenfalls macht mir diese unsichtbare Beglei-tung Mut und wirkt sehr beruhigend auf mich.

Also folge ich der Angst. Wir gehen tiefer in den Wald hinein, der immer bedrohlicher auf mich wirkt. Doch spüre ich, dass mir nichts passieren

kann und es wichtig ist, diesen Ort zu be-
suchen.

Dunkle Wolken scheinen von allen Seite aufzu-
tauchen. Die Luft ist kalt und feucht. Dann
kommen wir zu einer Höhle. Der Eingang ist
kaum zu erkennen, gut getarnt und eingewach-
sen in allerlei Grünzeug und Büschen. Wäre ich
nicht geführt worden, ich wäre wohl daran
vorbei gegangen.

Das ist also das Zuhause der Angst, denke ich.
Und sie sagt: „Ja, jedes Gefühl in dir hat seinen
Ort."

Scheinbar kann sie auch meine Gedanken
hören.

„Ja" sagt sie, „auf diese Weise kommunizieren
wir".

Für einen Augenblick glaube ich in ihr, die Gestalt einer Spinne zu erkennen. Nicht meine
besten Freunde. Da sagt die andere Stimme,
die mich hierher brachte: „Es ist keine Spinne,
du hast nur eine ihrer Eigenschaften gesehen."
Tatsächlich, als ich die Höhle betreten habe,

sehe ich ein riesengroßes Netz und Seiten-
gänge in der Höhle, in der sich ihre Seile fort-
setzten.

„Und" fährt die Stimme fort, die mich herführte,
„nenne mich Sidhar. Ich bin einer deiner geistigen Begleiter. Für dich nehme ich die Gestalt
eines Wolfes an. Denn du verbindest mit ihm
Eigenschaften, die Teil meiner Aufgaben sind."

Die Spinne, also die Angst, unterbricht das Ge-
spräch mit den Worten: „Habe ich das nicht
wunderbar gemacht? Das ist alles für dich!
Jeder Seitengang führt in eine andere Höhle. In
den meisten wohnen Kinder von mir, die ihre
eigenen Netze machen. Aber schau nur, aus
was der Boden in meiner Höhle gebaut ist. Das
hast du mir alles gegeben. Daraus wächst die
Nahrung für mich und meine Kinder."

Der Boden besteht aus vielen Kugeln in der
Größe von Tennisbällen, sie scheinen aus Kris-
tall zu bestehen. Wenn man darüber geht, ver-
mischen sie sich.

„Das sind deine Erfahrungen" erklärt die Angst, „sie haben verschiedene Farben, siehst du? Die lilafarbenen sind die Erlebnisse noch vor deiner Geburt. Die weißen sind deine frühkindlichen Erfahrungen. Dann sind da noch die bunten. Das sind allerlei Überzeugungen und Glaubensmuster die du dir wohl zugelegt hast."

Da sind noch unendlich viele andere Farben. Bevor ich einen weiteren Gedanken fassen kann, spricht sie weiter: „Es kommen immer wieder neue Kugeln dazu. Daraus wächst das Material, aus dem ich mich nähre und das Netz ausbaue oder verstärke. Manchmal ist eine Kugel dabei in einer neuen Farbe. Diese befruchte ich dann. Also grabe ich einen neuen Seitengang und eine Höhle für mein nächstes Kind. Ich nehme doch an, dass du zufrieden bist mit mir, wie ich für dich arbeite, sonst würdest du wohl nicht so gut für mich sorgen."

„Merkst du was?" fragt mich Sidhar.

Oh ja, denke ich, mir dämmert etwas.

Voller Begeisterung führt die Angst weiter aus:
„Manchmal fällt eine Kugel in meine Höhle und
streift dabei mein Netz. Das ist mein Alarm-
signal. Es verbreitet sich durch die Vibration der
Stricke zu allen meinen Kindern. Wir stehen
dann alle zusammen für dich da, wie eine
Wand. Wir versetzen deinen Körper in die Lage,
dass er kämpfen oder flüchten kann."

Oh je, denke ich, meine Panikattacken. Da hat
die Angst etwas gründlich falsch verstanden.
Prompt wendet sie ein: „Wie meinst du das?
Ach egal, schau dir ruhig alles genau an.
Danach können wir nachsehen wer von meinen
Kindern ... also eigentlich sind es ja unsere
Kinder ... Zuhause ist, damit ich sie dir vorstel-
len kann."

Sidhar ermuntert mich, die Kugeln genauer zu
betrachten. Mein Blick fällt auf eine bunte
Kugel, die ganz oben auf liegt. Ich lege sie in

meine Hände und schaue ganz konzentriert in ihr Inneres.

Dort zeigt sich eine Situation, es ist, als ob ich auf eine Leinwand schaue, auf der meine Vergangenheit gezeigt wird. Diese Situation ist noch nicht lange her. Der Kern der Sache ist noch nicht beseitigt. Ich sehe mich in einer beruflichen Situation, eine große Herausforderung, von der ich nicht weiß, wie ich sie lösen kann.

„Oh ja" unterbricht mich die Angst wieder. „du hast diese Kugel in meine Höhle geworfen und mich auf den Plan gerufen. Dabei sind viele Schnüre berührt worden, die meine Kinder alarmiert haben."

Das kann man wohl sagen, denn da kam ein innerer Sturm in mir auf, der mir schlaflose Nächte und Panikattacken bescherte.

„Wenn ich zusammen mit meinen Kindern auftrete, bin ich stärker. Alles zu deinem Besten, oder?" wirft die Angst etwas kleinlaut ein. Ihr dämmert wohl auch etwas.

„Ich erinnere mich gut, du hast mein Kind Namens ‚Überforderung' berührt, mit dieser Erfahrungskugel. Es ist ziemlich groß geraten, was daran liegt, dass du immer wieder Futter geliefert hast und es ziemlich gefräßig ist. Ich glaube, es hat inzwischen schon eigene Kinder. Was die so treiben, dafür bin ich eigentlich nicht verantwortlich. Aber irgendwie gehören sie halt zur Familie und wir halten alle zusammen., weil wir ja miteinander verbunden sind."

„Von der Angst könnte der Mensch lernen" bemerkt Sidhar. Die Bemerkung scheint die Angst fast ein wenig stolz zu machen.

„Weißt du", meint die Angst „ich erinnere mich noch gut an die erste Nahrung, die ich bekam. Die Kugel habe ich gut aufbewahrt. Ich zeige sie dir."

Sie führt mich in eine Ecke ihrer Höhle. Dort steht eine kleine Truhe. Als sie diese öffnet, zeigte sich eine lilafarbene glänzende Kugel. Darin ist ein Embryo. Ganz deutlich sehe ich sein schlagendes Herz und die Nabelschnur. „Das bist du" sagt Sidhar „tauche ein".

Ich bin ein winziges Wesen. Wandle zwischen den Welten. Meiner Heimat und dem Leib, der entsteht. Mein Herz schlägt im Gleichklang mit dem meiner Mutter, die mich in sich trägt. Dann höre ich meinen Vater, er ist betrunken. Eigentlich kann ich das nicht wissen, doch ich weiß es dennoch.

Meine Mutter und er streiten. Ihr Herz pocht. Sie ist sehr traurig und verzweifelt Dabei wird sie hysterisch und verfällt in Selbstmitleid. Denn sonst ist da niemand, der das Leid mit ihr teilt. Mit ihrem Herzen beginnt mein Herz zu rasen. Ihre Gefühle werden zu meinen.

„Da bekam ich das erste mal Angst" sage ich laut.

„Das war meine Geburtsstunde" sagt die Angst. „und du hast gut für mich gesorgt".

Irgendwie wird mir das jetzt alles zu viel. Im Angesicht der Angst fängt mein Herz an, unangenehm zu schlagen.

Sidhar bemerkt, was mit mir los ist und sagt: „Lass uns eine Pause machen. Du hast erkannt, worum es hier geht. Du musst deine Angst wieder zu dem machen, was sie im Ursprung war. Deine Erfahrungen sind nicht mehr umkehrbar, jedoch kannst du ihre Auswirkungen für die Zeit, die vor dir liegt verändern. Die Angst wird es annehmen, dass sie fehlinterpretiert hat. Sie wird dankbar sein, wenn sie sich ausruhen darf, um das zu sein, was sie ist. All die neuen Erfahrungen die vor dir liegen, werden ihr keine Nahrung mehr sein, sondern abgelegt in deinem Lebensraum. Dort sind sie, was sie sind, Erfahrungen.

Damit werden all die Verbindungen zu den Kindern der Angst an Kraft verlieren, bis sie sich gänzlich auflösen und die Kinder selbst werden zurückkehren in die Erfahrungskugeln.

Du brauchst nicht alle Kugeln betrachten, wenn du verstanden hast, worum es geht. Im Grunde sind alle Erfahrungskugeln, die bei der Angst gelandet sind, durch Trennung, Verlust, Überforderung, Schmerz, Verletzung und durch die Abwesenheit der Liebe im Außen entstanden. Ihre Kinder heißen Hoffnungslosigkeit, Tunichtgut, Verlustangst, Enttäuschung, Depression, Überforderung, Mutlosigkeit, Begrenzung usw.

Lass mich dich reinigen, danach kannst du die Angst erlösen und ich werde dir etwas zeigen, was dir eine neue Sichtweise schenkt, damit du andere Erfahrungen machen kannst."

Das Heilbad im See

Ich folge Sidhar, zu einer Lichtung auf der anderen Seite des Waldes. Dort ist wieder alles in goldenes Licht getaucht.
Ein lieblicher Weg führt durch die Landschaft, vorbei an blühenden Büschen und duftenden Blumen.
Der Weg führt etwas hinab und ich höre ein plätschern, ein sanftes Rauschen.
Dann stehe ich vor einem kleinen glasklaren See, der gespeist wird von einem kleinen Wasserfall.

Das Wasser ist türkis, klar und glitzert in der Sonne. Der See schmiegt sich in eine Landschaft, umrahmt von Bäumen und Büschen. Dieser Ort weckt Vertrauen in mir, ich fühle mich sicher und beschützt.
Gleichzeitig fühle ich, wie jeder Atemzug mich mit Mut und Kraft auffüllt. Sidhar fordert mich auf, meine Kleidung abzulegen und mich ins Wasser zu begeben. Dem komme ich nach.

Als meine Füße ins Wasser eintauchen, spüre ich die erfrischende und doch angenehme Temperatur des Wassers.
Schritt für Schritt gehe ich tiefer ins Wasser. Erst berührt es meine Waden, dann die Knie, die Oberschenkel, mein Gesäß, den Bauch... immer tiefer gehe ich in den See, bis ich letztlich ganz ins Wasser eintauche.

Gewöhnlich mag ich es nicht, mit meinem Kopf unter Wasser zu sein. Aber hier ist alles anders. Ich kann meine Augen öffnen und sogar atmen. Vor mir breitet sich eine wunderbare Unterwasserwelt aus. Alles ist friedlich und freundlich, sogar die Fische. Es glitzert alles, wie ein Sternenhimmel. Ich glaube, ich habe gerade einen Wasserengel gesehen.

Nach einer Weile tauche ich wieder auf. Ich bin erfrischt, voller Kraft und Lebensenergie und klar wie nie zuvor.

Sidhar hat mir frische Kleidung ans Ufer gelegt. Sie ist von der Sonne geküsst und wohlig warm.

Ich bedanke mich.

Jetzt möchte ich es hinter mich bringen, dieses Thema mit der Angst, weil ich neugierig bin auf das, was sich dahinter verbirgt.

Die Befreiung

Also mache ich mich auf den Weg zu der Höhle, wo die Angst zuhause ist. Sie wartet schon auf mich.

Diesmal bin ich schneller und beginne eine Rede, bevor sie reagieren kann. Ich höre mich sagen:

„Liebe Angst, ich bedanke mich bei dir, für deine wohlgemeinte Fürsorge. Es ist so, dass da etwas ins Rollen gekommen ist, was mich behindert und von meinem Weg abhält. Ich weiß, dass das nicht deine Absicht ist. Der Grund dafür ist meine Gedankenwelt, die wohl in den Erfahrungskugeln enthalten ist. Ich werde in Zukunft besser auf meine Gedanken achten. Ab heute teile ich dir eine neue Aufgabe zu.

Wenn du bemerkst, dass die neuen Erfahrungskugeln Themen enthalten, die in der Vergangenheit Nahrung waren, um unterirdische Gänge zu bauen und neue Höhlen zu graben und zu gebären, wirst du von nun an folgendes tun:

Du überprüfst, ob eine wirkliche reale Gefahr besteht. Nur dann wirst du aktiv, so ist auch deine Bestimmung. Wenn keine reale Gefahr erkennbar ist, erinnerst du mich daran und beruhigst meinen menschlichen Geist.

Mit deinem Einverständnis werden deine Kinder zurückkehren, in die Erfahrungskugeln, die sie werden liesen. Die Stricke und Gänge zu ihren Kammern dürfen sich auflösen. So wie das Netz. Du darfst wieder sein, was du bist und brauchst fortan nicht mehr in einer verborgenen Höhle leben. Dein Platz ist im Licht, denn daraus sind wir alle gekommen."

Ich wundere mich gerade über mich selbst.

Im gleichen Augenblick, in dem ich alles gesagt habe, wird aus der Angst ein kleines Licht und die Höhle löst sich mit allem, was in ihr enthalten ist auf. Da wo sie stand wachsen bunte Blumen und duftende Kräuter. Die finstere Atmosphäre löst sich auf und alles strahlt im goldenen Licht.

Der goldene Tempel

Im gleichen Augenblick, in dem All das geschieht, wird ein Tempel sichtbar, den ich vorher nicht wahrgenommen habe. Er leuchtet strahlend und einladend.

„Das ist das Zuhause der Liebe" sagt Sidhar. „Ich habe dir zugesagt, dass du es sehen kannst, wenn die Angst umgewandelt ist.
Dieser Tempel ist in deinem Zentrum. Dort leuchtet das Licht in dir, das du mitgebracht hast, auf diese Welt. Es ist das Licht, aus dem du kommst, das du bist. Lass uns näher heran gehen, damit es größer wird."

Erstaunlicherweise ist der Weg zum Tempel keine große Reise. Allein die Absicht dort anzukommen reicht und ich stehe vor seinen Toren.

„Du erkennst nun, dass du niemals getrennt warst, dass du alles in dir trägst und einzig die Absicht dich zurück bringt, zu dem was immer anwesend war. Es war nur nicht sichtbar für dich, weil die Angst den Blick verstellt hat", erklärt Sidhar.

Da steh ich nun, vor einem großen leuchtenden Tor.

„Du trägst den Schlüssel bei dir" flüstert Sidhar. „Du hast ihn schon immer bei dir getragen. Es ist nur eine Entscheidung, die das Tor öffnet. Du hast einen freien Willen, kannst entscheiden, ob du das Tor öffnest, oder es geschlossen bleibt. Der Schlüssel ist deine Enscheidung", wiederholt er.

Also muss ich mir jetzt denken, dass sich das Tor öffnen soll? frage ich mich gerade im Gedanken. Ich will endlich in diesen Tempel, er zieht mich so an. Eine Freude steigt in mir auf. Als ich diese Freude in mir fühle, beginnt sich das Tor zu öffnen.
Ohne zu zögern, trete ich ein. In eine heilige Halle.

Musik dringt an mich, die ich noch nie gehört habe. Ein Wohlgeruch, den ich noch nie gerochen habe. Ein warmes Licht hüllt mich ein, wie eine Liebkosung, die ich noch nie erfahren habe. Um mich herum tanzen Farben, die ich noch nie gesehen habe.

„Das ist dein Stück Heimat das du mitgebracht hast" höre ich Sidhar sagen. „Du hast es nur vergessen. Gehe durch alle Hallen und zünde überall ein Licht an, damit du es immer sehen kannst und nie mehr vergisst.
Hierher kannst du immer zurückkehren, denn der Ort ist in dir. Hier findest du alles was du jemals gesucht hast."

Eine Weile bade ich in all der Fülle, die um mich herum ist und in mir.

Dann nehme ich ein paar tiefe Atemzüge. Fühle den Meditationshocker unter meinem Gesäß und öffne langsam die Augen.

Es ist hell geworden.

Meine Katzen liegen neben mir.

Schlusswort

Danke dass du mein Büchlein gelesen hast. Ich hoffe, dir hat meine Kurzgeschichte gefallen. In ihr ist einiges an Weisheit enthalten. Manchmal verbirgt es sich in einem einzigen Satz.

Vielleicht ist dir diese Geschichte zu spirituell angehaucht. Aber bedenke, es geht um nicht sichtbares. Spirit bedeutet nichts weiter als Geist. Da das nicht sichtbare, wie die Gedanken, eine große Macht über uns ausüben können, ist es ein wichtiger Ansatz, sich mit geistigen Dingen zu beschäftigen.

Wenn ich dir mit dieser Lektüre geholfen habe, auf welche Weise auch immer, oder du einfach nur gut unterhalten wurdest, würde ich mich über eine gute Bewertung freuen. Vielleicht kannst du dann auch über Fehler in der Gestaltung oder Formulierung hinweg sehen. Das ist mein erstes Werk und ich bin keine geübte Autorin. Mit der Veröffentlichung wird es für mich eine neue Erinnerungskugel, in einer neuen Farbe.